For Your Own Good!   ¡Por tu propio bien!

Malca Bassan

©2003, Malca Bassan
©Illustrations/Ilustraciones, Malca Bassan
Editors/Editores: Raquel Amar, Panama, R.P.
Deborah Leah Andrusier, Brooklyn, NY, USA
Ruth Bejar, Miami Beach, FL, USA
Art Consultant/Consulta Artística: Doris Alper, C.W. Graphics, Inc., Pembroke Pines, FL, USA
Prepress design/Diagramación y Diseño: Pat Alvarado, Piggy Press, S.A., Panama, R.P. www.piggypress.com
All rights reserved.
Todos los derechos reservados

Bassan, Malca
For your own good = Por tu propio bien / Malca Bassan.
112p. : il. : 22.5cm.
ISBN 0-9744039-0-3

1.. BIBLE STORIES/CUENTOS DE LA BIBLIA   2. TORAH STORIES/CUENTOS DE LATORAH
3. CHILDREN'S STORIES/CUENTOS INFANTILES I. Title/TITULO

For Your Own Good * Por tu propio bien
www.fyog.8m.com
Impresión: Panamericana Formas e Impresos S.A., Printed in Colombia

A Rimonim Book
malcabass64@yahoo.com
www.fyog.8m.com

To my parents
Alberto and Sarah Bassan
with much gratitude and love.

A mis padres
Alberto y Sarah Bassan
con inmensa gratitud y amor.

In memory of Samuel Bejar O.B.M.
whose vision of Jewish Education
was vivid in his mind.

En memoria de Samuel Bejar Z"L
cuya visión de la Educación Judía
estuvo viva en su mente.

"Now, O Israel,
what does Hashem, your G-d ask of you?
Only to fear Him, to go in all His ways
and to love Him and to serve Him with all your heart
and with all your soul, to observe HIs commandments
and His decrees, which I command you today,
for your benefit."
Deuteronomy
Chapter 10, verses 12-13

Please treat this book with great respect since it contains holy words.

"Y ahora, Oh Israel,
¿qué requiere de tí Hashem tu D-os?
Sólo que Le temas y sigas Sus caminos,
Le ames y Le sirvas con todo tu corazón
y con toda tu alma, para cumplir Sus mandatos
y Sus preceptos que hoy te prescribo
por tu bien."
Devarim
Capítulo 10, versículos 12-13

Favor trate este libro con el mayor respeto porque contiene palabras sagradas.

Chabad-Lubavitch

B'H

Dear Ms. Malca,

I immensely enjoyed reading your beautifully illustrated book "For You Own Good" describing the Torah in poetry and art. It is especially beneficial that the style you have chosen reflects your own personal devotion and commitment and has a special focus for young children. Though the content has meaningful information for all ages the style is particularly attractive to those who have limited background in Jewish education.

Thank you for your important contribution and thank you also for being part of our community and making it more special.

I wish you much success in distributing this book to the widest possible avenues.

With Torah greetings and Blessings for a Healthy, Happy and sweet New Year.

I am,

Very sincerely,

Sholom D. Lipskar

Bal Harbour * Bay Harbor Islands * Indian Creek * Surfside

9540 Collins Avenue, Surfside, Florida 33154 * (305) 868-1411 * Fax (305) 861-2426
P.O. Box 7128, Surfside, Florida 33154 * www.theshul.org

"An Institution of The Lubavitcher Rebbe, Menachem M. Schneerson (May His Merit Shield Us)"

Table of Contents ~ Indice

English	Page	Español
Preface	8	Prefacio
Map of Canaan	10-11	Mapa de Canaán
The Tree of Knowledge	12	El árbol del conocimiento
Four Rivers	14	Cuatro ríos
The Ark of Noach	16	El arca de Noé
Statue of Salt	18	Estatua de sal
The "H" Part	20	La sección "H"
Isaac	22	Isaac
Jacob	24	Yaakov
The First Jewish Home	26	El primer hogar judío
Joseph	28	Yosef
Pharaoh's Dreams	30	Los sueños del Faraón
Joseph's Tears	32	Las lágrimas de Yosef
Face to Face	34	Cara a cara
70 Souls	36	70 almas
Moses	38	Moshé
Last Plague	40	Última plaga
Nissan	42	Nisán
Passover	44	Pesaj
The Staff	46	La vara
One Soul	48	Un alma
The Pomegranate	50	La Granada
Sabbath	52	Shabat
Count Your Blessings	54	Cuenta tus bendiciones
Return to the Roots	56	Regreso a las raíces
Lips of Wisdom	58	Labios de sabiduría

Table of Contents ~ Indice

The Number Eight	60	El número ocho
The Jewish Cycle	62	El ciclo judío
Sabbath of the Land	64	Shabat de la tierra
The Big Picture	66	La gran película
A Pact to Remember	68	Un pacto para recordar
The Menorah	70	La Menora
Faith	72	Fe
For Your Own Good	74	Por tu propio bien
The Peacemaker	76	El hacedor de la paz
Korach	78	Koraj
Tzitzis	80	Tzitzit
Careful Speech	82	Lenguaje cuidadoso
Ritma	84	Ritmá
The Maze	86	El laberinto
Words of Mussar	88	Palabras de Musar
248 equals one	90	248 equivalen a uno
Avshalom	92	Avsalom
All Mitzvos are important	94	Todas las Mitzvot son importantes
First Fruits	96	Primicias
Moses' Birthday	98	El cumpleaños de Moshé
Rain vs Torah	100	Lluvia vs Torá
Rewards of the Future	102	Recompensas del futuro
Farewell	104	Despedida
Everything is for Moses' Good	106	Todo es por el bien de Moshé
The Word of G-d	108	La palabra de D-os
The Author	111	La autora

Preface ~ Prefacio

It all began with a suggestion from Mr. Samuel Bejar O.B.M. of Miami, Florida. His vision of Jewish education towards children was dominant at the time. He gave me the idea of drawing pictures about the five books of Moses and to make them available to Jewish children. The pictures were arranged in this book to help children understand the biblical stories. I kept postponing this project, and Mr. Bejar O.B.M. always kept reminding me. The beginning of a new Jewish year approached, and I finally decided to start drawing from the first book, Genesis. I sketched and drew for one entire year. I also read the Scriptures and rabbinical commentaries, and as a result, the drawings reflected both sources. This project was finally completed after a long period of interesting work.

I thank Mr. Bejar O.B.M. for his kind suggestion. I encourage children and adults of all ages to read the Bible and draw pictures about what they read. Do it at your own pace. Don't be discouraged if you do not finish quickly. Long projects give us the opportunity to learn more and enjoy the results in the future.

I hope you enjoy this book, and will be inspired by every bit of information that the five books of Moses have to offer FOR YOUR OWN GOOD.

Todo empezó con la sugerencia del Señor Samuel Bejar Z´L, de Miami, Florida. En aquel momento, la visión sobre la educación hacia la niñez Judía era dominante en él. Me dio la idea de hacer dibujos sobre los cinco libros de Moshé y hacerlos llegar a los niños Judíos. Los dibujos fueron compuestos de una manera para que ayuden a los niños a entender las historias de la Biblia. A pesar de estar decidida a empezar este proyecto, siempre lo atrasaba; por esa razón, el señor Bejar siempre me lo recordaba. Se acercaba el comienzo de un nuevo año y finalmente me decidí a dibujar sobre el primer libro, Génesis. Hice esquemas y dibujos por un año. Leí las Escrituras y los comentarios rabínicos. Y como resultado, los dibujos reflejan ideas de ambas fuentes. Como ven, este libro fue terminado después de un largo e interesante período de trabajo.

Agradezco al Señor Bejar Z´L por su gran sugerencia, y exhorto a niños y adultos de todas las edades a leer la Biblia y dibujar sobre lo leído. No se desanimen si lo hacen lentamente, pues los proyectos largos nos dan la oportunidad de aprender más y así gozar de los resultados en el futuro.

Espero que este libro sea de provecho y que se inspiren en las pequeñas enseñanzas que los cinco libros de Moshé le ofrecen POR SU PROPIO BIEN.

For Your Own Good!   ¡Por tu propio bien!

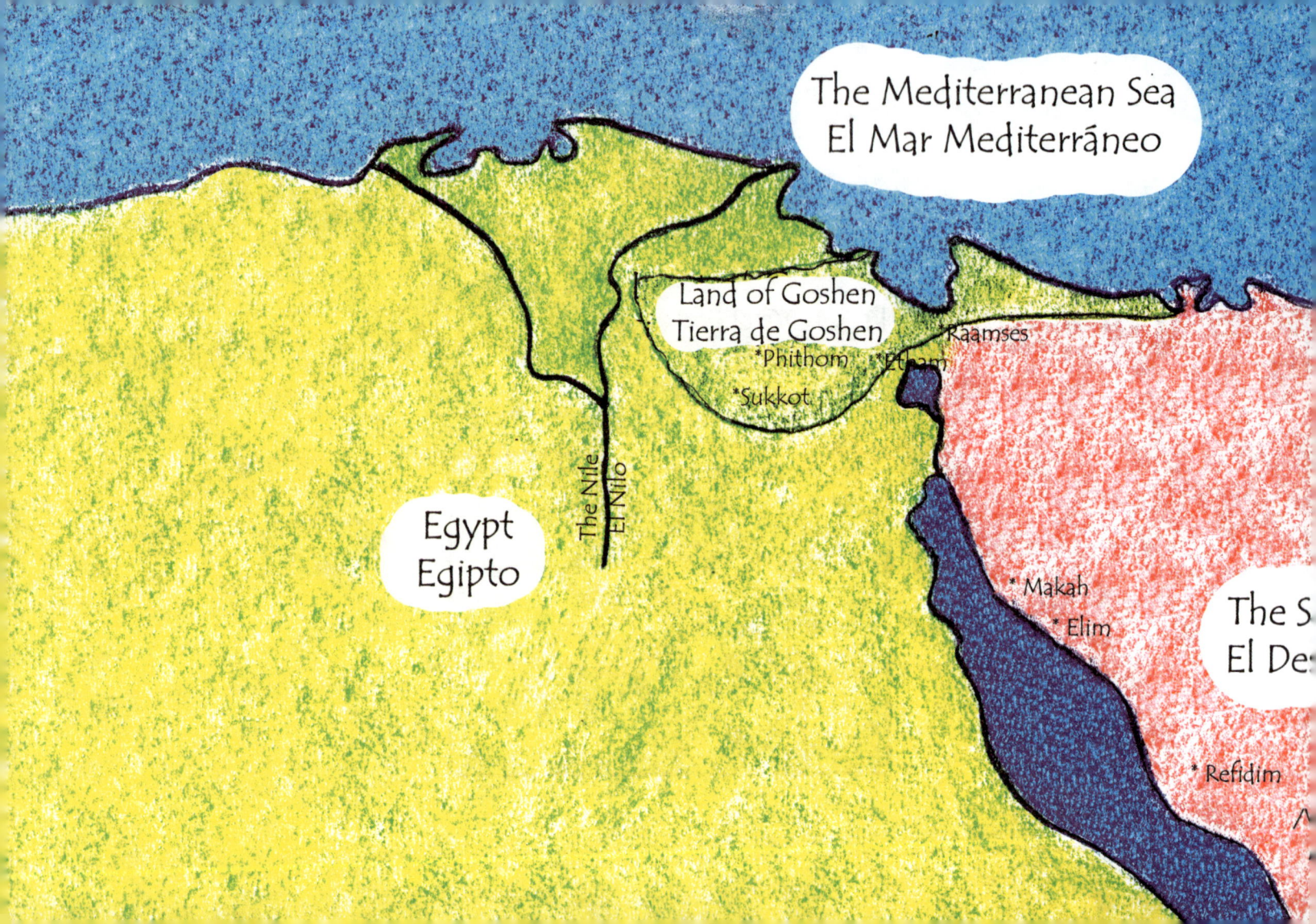

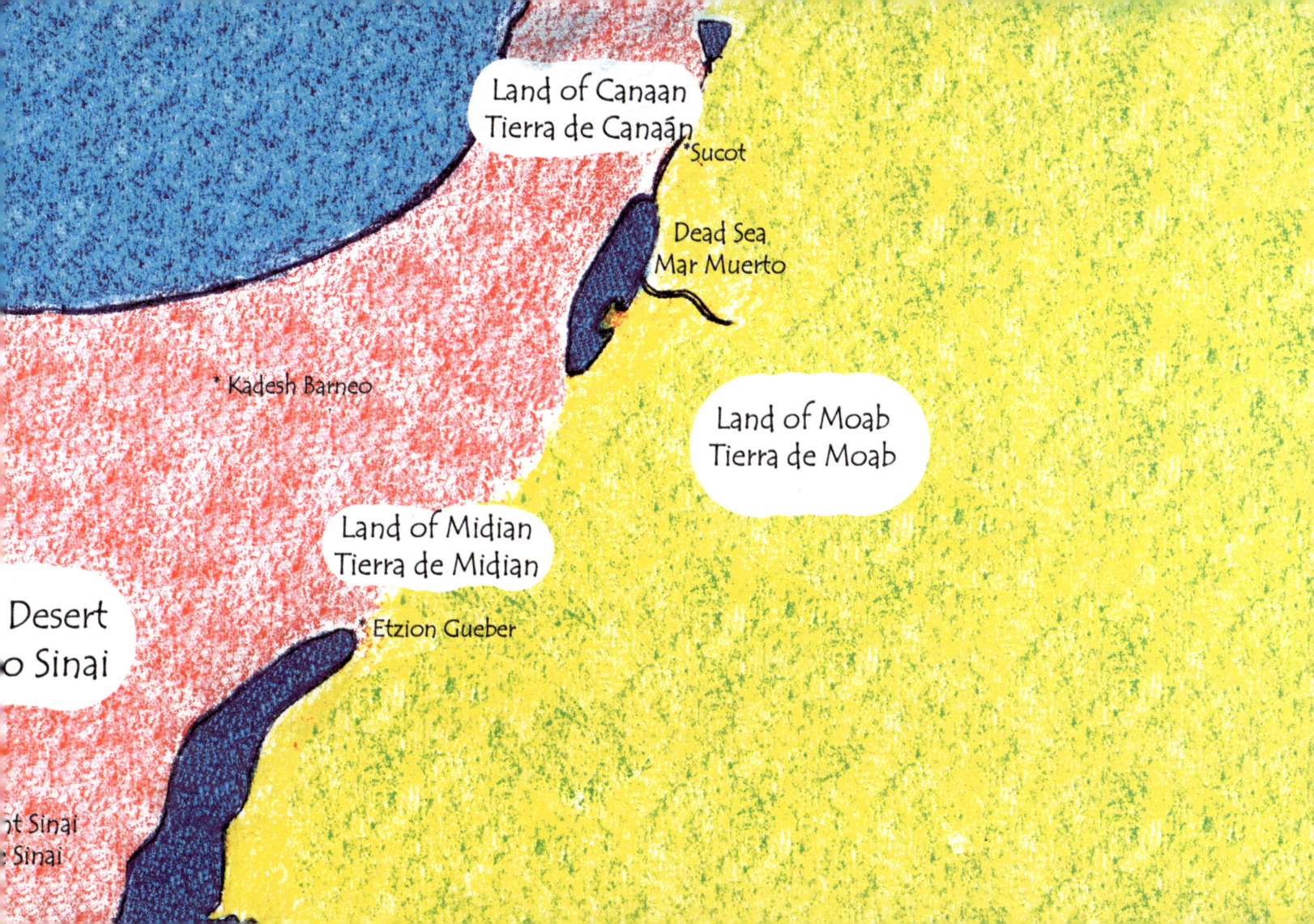

Genesis

The Tree of Knowledge

In the beginning,
before G-d decided to rest,
He created The Garden of Eden.
He said to Adam and Eve,
"Do not eat from the tree."
"What tree?" they asked.
"The Tree of Knowledge," G-d answered.
Then came the serpent
and gave them the first touch of doubt....
"If I eat from the tree...."
"If I don't eat from the tree...."

Bereshit
(En el principio)

El árbol del conocimiento

En el comienzo,
antes que D-os decidiera descansar,
Él creó El Jardín de Edén.
Él le dijo a Adan y Eva,
-No coman del fruto del árbol.
-¿De qué árbol? -ellos preguntaron.
-Del árbol de la Sabiduría -D-os contestó.
Entonces vino la serpiente
y les dio el primer toque de la duda....
"Si como del fruto del árbol..."
"Si no como del fruto del árbol..."

Genesis

Four Rivers

A river was created by G-d
to water The Garden of Eden.
It is divided into 4 streams:
Pishon, where the gold is,
Gihon, that surrounds Cush,
Hiddekel, that flows towards Assyria,
and the Euphrates.

Bereshit
(En el principio)

Cuatro ríos

Un río fue creado por D-os
para regar El Jardín de Edén.
Estaba dividido en 4 corrientes:
Pishón, donde hay oro.
Guihón, que rodea la tierra de Cush,
Hidekel, que fluye hacia Asiria
y el Eufrates.

Genesis

The Ark of Noach

G-d commanded a man
named Noach to build an ark
to save the world.
A flood was coming
and Noach, the righteous,
was the only man
that G-d trusted
to save the future generations.

Bereshit

(En el principio)

El arca de Noé

D-os ordenó a un hombre
llamado Noé que construyera un arca
para salvar al mundo.
Un diluvio venía
y Noé, el justo,
era el único en su generación
que D-os escogió
para salvar las futuras generaciones.

Genesis

Statue of Salt

Ten generations passed
and G-d was still not happy.
Sodom was going to be destroyed.
Lot, Avram's nephew,
and his family ran away from Sodom.
G-d told them not to look
back at their past,
but Lot's wife could not resist.
She was turned into a statue of salt.

Bereshit
(En el principio)

Estatua de sal

Pasaron diez generaciones
y D-os todavía no estaba satisfecho.
Sodoma iba a ser destruida.
Lot, el sobrino de Avram
y su familia escaparon de Sodoma.
D-os les dijo que no miraran
hacia atrás, a su pasado,
pero la esposa de Lot no pudo resistir.
Ella se transformó en una estatua de sal.

Genesis

The "H" Part

Because of Avram's good deeds,
he was chosen to become
the father of a multitude of nations.
G-d said to Avram,
"Your name won't be Avram anymore,
but AvraHam."
G-d said to Sarai,
"Your name won't be Sarai anymore,
but SaraH."
The "H" adds a part of G-d
to each of their names.
From that blessing Isaac was born.

Bereshit
(En el principio)

La sección "H"

Por sus buenas obras,
Avram fue elegido para ser
el padre de una multitud de naciones.
D-os le dijo a Avram:
-Tu nombre no será más Avram,
sino AvraHam.
D-os le dijo a Sarai:
-Tu nombre no será más Sarai,
sino SaraH.
La "H" añade una parte de D-os
a cada uno de sus nombres.
De esta bendición nació Isaac.

Genesis

Isaac

Before Avraham died,
he sent his servant Eliezer
to find a wife for his son Isaac.
Isaac and Rebecca got married
and G-d blessed them with twin boys,
Jacob and Esau.
Jacob was chosen to be
The Father of the Jewish People.

Bereshit
(En el principio)

Isaac

Antes de que Avraham falleciera,
él mandó a su sirviente Eliézer
a buscar una esposa para su hijo Isaac.
Isaac y Rivka se casaron
y D-os los bendijo con los mellizos
Yaakov y Esav.
Yaakov fue escogido para ser
el Padre del Pueblo Judío.

Genesis

Jacob

Jacob left his parent's home
because his mother Rebecca said,
"Go to Laban, my brother."
Laban lived in Charan.
There, Jacob met Rachel,
Laban's younger daughter,
whom he loved instantly.

Bereshit
(En el principio)

Yaakov

Yaakov dejó la casa de sus padres
porque su madre Rivka le dijo,
-Anda donde mi hermano Labán.
Labán vivía en Harán.
Allí, Yaakov se encontró con Rajel,
la hija menor de Labán,
a quien amó al instante.

Genesis

The First Jewish Home

Jacob had four wives:
Leah, Rachel, Zilpah and Bilhah,
from whom
the Twelve Tribes of Israel were born.

Bereshit
(En el principio)

El primer hogar judío

Yaakov tuvo cuatro esposas:
Leah, Rajel, Zilpah y Bilhah,
de quienes nacieron
las Doce Tribus de Israel.

Genesis

Joseph

Jacob loved Rachel,
and their son Joseph was his favorite.
All of Joseph's brothers
were very jealous of him.
They put Joseph
inside a pit full of scorpions.
Then they decided
to sell him to the Midianites.
It was the will of G-d
that Egypt became Joseph's new home.

Bereshit
(En el principio)

Yosef

Yaakov amaba a Rajel,
y el hijo de ellos, Yosef era su favorito.
Todos los hermanos de Yosef
estaban muy celosos de él.
Metieron a Yosef
en un pozo lleno de escorpiones.
Luego decidieron
venderlo a los Midianitas.
Fue la voluntad de D-os
que el nuevo hogar de Yosef fuera Egipto.

Genesis

Pharaoh's Dreams

The Pharaoh of Egypt had two dreams.
In the first one,
seven skinny cows
ate seven fat cows.
In the second one,
seven thin ears of wheat
swallowed seven good ears of wheat.
Pharaoh called Joseph
to interpret his dreams.
Joseph said,
"That is beyond me.
It is G-d who will respond through me.
Both dreams are one."

Bereshit
(En el principio)

Los sueños del Faraón

El Faraón de Egipto tuvo dos sueños.
En el primero
siete vacas flacas
se comieron a siete vacas gordas.
En el segundo,
siete espigas de trigo flacas
se tragaron a siete espigas de trigo gordas.
El Faraón llamó a Yosef
para interpretar sus sueños.
Yosef dijo,
-Esto está más allá de mí.
Es D-os quien responderá a través de mí.
Ambos sueños son uno.

Genesis

Joseph's Tears

Pharaoh put his ring
on Joseph's finger.
Joseph then became the leader
of the land of Egypt.
Joseph's interpretation
of the dreams came true,
and all of Egypt and the World
came to him to buy food.
When Joseph recognized his brothers,
he invited them to eat with him.
Joseph's brothers and the Egyptians
sat at different tables.
Joseph cried because he realized
how much he missed them.

Bereshit
(En el principio)

Las lágrimas de Yosef

El Faraón puso su anillo
en el dedo de Yosef.
Yosef entonces se convirtió en el líder
de la tierra de Egipto.
La interpretación de los sueños
del Faraón por Yosef resultó verdadera
y todo Egipto y el mundo
vino a verlo para comprar comida.
Cuando Yosef reconoció a sus hermanos,
los invitó para que comieran con él.
Los hermanos de Yosef y los Egipcios
se sentaron en mesas diferentes.
Yosef lloró porque se dio cuenta
cuánto los extrañaba.

Genesis

Face to Face

Yehuda said to Joseph,
"Benjamin is our youngest brother,
and our father is old."
Joseph couldn't resist anymore.
He revealed his identity to his brothers,
and with love he said,
"I AM JOSEPH.
IS MY FATHER STILL ALIVE?"

Bereshit
(En el principio)

Cara a cara

Yehuda le dijo a Yosef,
-Benjamín es nuestro hermano menor,
y nuestro padre es viejo.
Yosef no pudo resistir más.
Les reveló su identidad a sus hermanos,
y con amor les dijo,
-YO SOY YOSEF.
¿VIVE AUN MI PADRE?

Exodus

70 Souls

Joseph told Pharaoh
that his family was in Egypt.
Pharaoh was very happy.
"They should all come
to live in Egypt," he said.
All of Jacob's family came to Egypt.
There were 70 souls
who kept their faith.

Shemot

(Nombres)

70 almas

Yosef le dijo al Faraón
que su familia estaba en Egipto.
El Faraón estaba muy contento.
-Todos ellos deben venir
a vivir a Egipto -dijo él.
Toda la familia de Yaakov vino a Egipto.
Eran 70 almas
que mantuvieron su fe.

Exodus

Moses

The Children of Israel became plentiful.
A new and cruel Pharaoh,
who did not know Joseph,
became ruler of Egypt.
He enslaved the Jewish People
and wanted to kill all the Jewish baby boys.
Yocheved and Amram had a baby boy.
They put him in the Nile River to protect him.
Their daughter Miriam stood
on the banks of the river to watch the baby.
Pharaoh's daughter rescued the baby,
and named him Moses.

Shemot
(Nombres)

Moshé

Los Hijos de Israel llegaron a ser muchos.
Un nuevo y cruel Faraón,
que no conocía a Yosef,
llegó a ser el gobernante de Egipto.
Esclavizó al Pueblo Judío
y quiso matar a todos los bebés varones judíos.
Yojeved y Amram tuvieron un varón.
Lo pusieron en el Río Nilo para protegerlo.
Su hija Miriam se paró
sobre la orilla del río para ver al bebé.
La hija del Faraón rescató al bebé,
y lo llamó Moshé.

Exodus

Last Plague

Moses and his brother Aaron
revealed the hand of G-d to Pharaoh
through the Ten Plagues.
Moses said to Pharaoh,
"Let my people go."
Each plague punished the Egyptians.
The last plague
punished them the hardest.
It killed every Egyptian first born.

Shemot
(Nombres)

Última plaga

Moshé y su hermano Aarón
revelaron la mano de D-os al Faraón
a través de las diez plagas.
Moshé le dijo al Faraón,
-Dejad salir a mi pueblo.
Cada plaga castigó a los Egipcios.
La última plaga
los castigó más duramente.
Mató cada primogénito egipcio.

Exodus

Nissan

Nissan is the month that
Moses led the Jews out of Egypt.
Nissan is the month of Passover.
Nissan is the month of freedom!
Nissan is the month of miracles!

Shemot
(Nombres)

Nisán

Nisán es el mes en que
Moshé dirigió a los judíos fuera de Egipto.
Nisán es el mes de Pesaj.
¡Nisán es el mes de la libertad!
¡Nisán es el mes de los milagros!

Exodus

Passover

On the night of last the plague,
the door frames of Jewish homes
were marked with blood.
This was the sign
for the Angel of Death
to skip over the houses
without touching the Jewish first-borns.
All the Egyptian first-borns died.

Shemot
(Nombres)
Pesaj

En la noche de la última plaga,
los marcos de las puertas de los hogares judíos
estaban pintados con sangre.
Esta era la señal para que
el Angel de la Muerte
pase por encima de las casas
sin tocar los primogénitos judíos.
Todos los primogénitos egipcios murieron.

Exodus

The Staff

Thanks to the merit of the
righteous women of that generation,
the Jews were liberated
from Egyptian slavery.
With the help of G-d,
Moses used his staff
to divide the Red Sea.
The men sang their song of thanksgiving
while the women danced
and played instruments.

Shemot
(Nombres)

La vara

Gracias al mérito de
las mujeres justas de esa generación,
los judíos fueron liberados
de la esclavitud de Egipto.
Con la ayuda de D-os,
Moshé usó su vara
para dividir el Mar Rojo.
Los hombres cantaron el cantar de gracias,
mientras que las mujeres bailaron
y tocaron instrumentos.

Exodus

One Soul

The Jewish People were standing
in the desert like one soul.
They accepted the commandments
without a doubt.
They proudly said,
"We will do and we will listen."

Shemot

(Nombres)

Un alma

Los judíos estaban parados
en el desierto como un alma.
Ellos aceptaron los mandamientos
sin ninguna duda.
Orgullosamente dijeron,
-Nosotros haremos y escucharemos.
"Naase venishma".

Exodus

The Pomegranate

G-d gave the Jews
613 commandments as a gift.
It is said that
a pomegranate also has 613 seeds.
These are the 613 commandments
that the Jews must keep alive!

Shemot
(Nombres)

La granada

D-os les dio a los judíos
613 mandamientos como regalo.
Está dicho que
la granada tiene también 613 semillas.
¡Estas son los 613 mandamientos
que los judíos deben mantener vivos!

Exodus

Sabbath

Among the 613 commandments
G-d gave the Jews,
there was a special gift,
the gift of the Sabbath.
The Sabbath is the seventh day
of the week when G-d rested
from the Creation of the World.

Shemot

(Nombres)

Shabat

En medio de los 613 mandamientos
que D-os dió a los Judíos,
había un regalo muy especial,
el obsequio del Shabat.
El Shabat es el séptimo día
de la semana cuando D-os descansó
de la Creación del Mundo.

Exodus

Count Your Blessings

If we have Torah,
 we have life!
If we have Torah,
 we have peace!
If we have Torah,
 we have Israel!
If we have Torah,
 we have blessings!

Shemot

(Nombres)

Cuenta tus bendiciones

Si nosotros tenemos Torá,
 ¡tenemos vida!
Si nosotros tenemos Torá,
 ¡tenemos paz!
Si nosotros tenemos Torá,
 ¡tenemos Israel!
Si nosotros tenemos Torá,
 ¡tenemos bendiciones!

Exodus

Return to the Roots

When the Jews were slaves in Egypt,
they were sad.
After they received the Torah in Sinai,
they were happy.
Torah brings joy to Jews always.

Shemot
(Nombres)

Regreso a las raíces

Cuando los Judíos eran esclavos en Egipto,
estaban tristes.
Después de recibir la Torá en el Sinai,
estaban contentos.
La Torá trae alegría a los judíos para siempre.

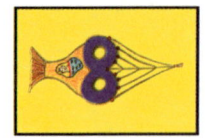

Leviticus

Lips of Wisdom

Acts of kindness, prayer, and Torah
fill a vessel more than
gold, pearls and precious gems.
There is gold and a multitude of pearls,
but lips of wisdom
are a precious vessel.

Vaikra
(Y llamó)

Labios de sabiduría

Los actos de bondad, el rezo y la Torá
llenan un recipiente más que
oro, perlas y piedras preciosas.
Hay oro e innumerables perlas,
pero labios de sabiduría
son una nave valiosa.

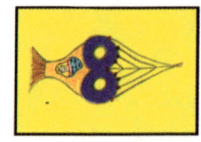

Leviticus

The Number Eight

The number eight reminds us
of two special periods in Jewish Life.
One is Brit Mila, the Circumcision.
The second is the miracle of Chanukah,
the Festival of Lights.

Vaikra
(Y llamó)

El número ocho

El número ocho nos recuerda
dos períodos especiales en la vida judía.
Uno es Brit Milá, la Circuncisión.
El segundo es el milagro de Janucá,
la Festividad de las Luces.

Leviticus

The Jewish Cycle

Jewish life is a cycle.
On Passover, the Jews were freed
from Egyptian slavery.
Forty nine days after,
on Shavuos, the Festival of Weeks,
the Jews received the Torah.
Four months later,
on Succos, the Festival of the Tabernacles,
the Jews lived in huts
protected by clouds in the desert.

Vaikra
(Y llamó)

El ciclo judío

La vida judía es un ciclo.
En Pesaj, los judíos fueron liberados
de la esclavitud de Egipto.
Cuarenta y nueve días después,
en Shavuot, la Festividad de las Semanas,
los judíos recibieron la Torá.
Cuatro meses más tarde,
en Sucot, la Festividad de los Tabernáculos,
los judíos vivieron en cabañas
protegidos por nubes en el desierto.

פסח סופות
שבועות 50

Leviticus

Sabbath of the Land

The Jews remember
the Sabbath of the week.
The Jews remember
the Sabbath of the land of Israel.
Six years the Jews work the land,
and on the seventh year,
the land rests from all work.
This is called a Shemittah Year.

Vaikra
(Y llamó)

Shabat de la tierra

Los judíos recuerdan
el Shabat de la semana.
Los judíos recuerdan
el Shabat de la tierra de Israel.
Seis años los judíos trabajan la tierra,
y en el séptimo año,
la tierra descansa de todo trabajo.
Este es el año de Shmitá.

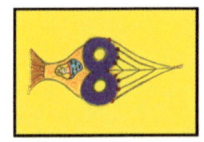

Leviticus

The Big Picture

Each bit of kindness that we give to others,
counts for the big picture in our lives.
This picture is "Tzedaka" - Charity.
A person can do Tzedaka
with his work or with money.
Fortunate is the lot of one
who wisely helps the poor.
(Psalm 41:2)

Vaikra

(Y llamó)

La gran película

Cada poquito de bondad que damos al prójimo,
cuenta para la gran película en nuestras vidas.
Esta película se llama ¨Tzedaká¨ - Caridad.
Una persona puede hacer Tzedaká
con su trabajo o con dinero.
Bienaventurado es él
que ayuda al necesitado
(Salmo 41:2)

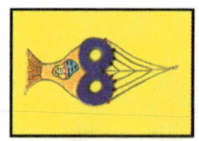

Leviticus

A Pact to Remember

The Brit Mila, or Circumcision,
tells us about the pact that
G-d made with Avraham.
G-d remembered the pact
with Isaac and Jacob.
G-d will remember The Land of Israel.

Vaikra

(Y llamó)

Un pacto para recordar

El Brit Milá o Circuncisión,
relata el pacto que
D-os hizo con Avraham.
D-os recordó el pacto
con Isaac y Yaakov.
D-os recordará la Tierra de Israel.

Numbers

The Menorah

When the Jews light the Menorah,
they are thanking G-d
for all the good He gives them.

Bamidbar
(En el desierto)

La Menorá

Cuando los Judíos encienden la Menorá,
ellos están agradeciendo a D-os
por todo lo bueno que Él les da.

Numbers

Faith

The Jews were together standing as one,
WITH MOSES!
WITH HOPE!
WITH FAITH!
WITH G-D!

Bamidbar

(En el desierto)

Fe

Los Judíos estaban juntos parados como uno,
¡CON MOSHÉ!
¡CON ESPERANZA!
¡CON FE!
¡CON HASHEM!

Numbers

For Your Own Good

Moses sent spies
from each of the twelve tribes
to inspect the Promised Land.
The spies exaggerated the truth.
They exclaimed, "This is its FRUIT!"
They did not show
their full faith in G-d that
EVERYTHING IS FOR THEIR GOOD.

Bamidbar
(En el desierto)

Por tu propio bien

Moshé envió espías
de cada una de las doce tribus
para explorar la Tierra Prometida.
Los espías exageraron la verdad.
Ellos exclamaron, -¡Este es su FRUTO!
Ellos no mostraron
su plena fe en D-os de que
TODO ES POR SU BIEN.

Numbers

The Peacemaker

Aaron was Moses' brother
and High Priest.
He loved peace!
He pursued peace!
He made peace!

Bamidbar
(En el desierto)

El hacedor de la paz

Aarón era el hermano de Moshé
y gran sacerdote.
¡Aarón amaba la paz!
¡Aarón perseguía la paz!
¡Aarón hacía la paz!

Numbers

Korach

Moses had a cousin named Korach
who was always very jealous of him.
Korach tried convincing the people
that the laws were not right.
He never believed what G-d commanded Moses.
G-d opened the Earth and Korach,
his men, and their wealth were swallowed.
The rest of the people did not see them again.

Bamidbar
(En el desierto)

Koraj

Moshé tenía un primo llamado Koraj
que siempre estaba muy celoso de él.
Koraj trataba de convencer al pueblo
que las leyes no eran correctas.
Él nunca creyó lo que D-os le decía a Moshé.
D-os abrió la tierra y Koraj,
sus hombres y su riqueza fueron tragados.
El resto del pueblo no los vio más.

Numbers

Tzitzis

The Mitzva of "Tzitzis"
reminds us of the 613 Commandments.
The letters in the word "Tzitzis"
add up to 600.
The "Tzitzis" has 8 strings and 5 knots.
600 plus 8 plus 5 equal 613.

Bamidbar
(En el desierto)

Tzitzit

La mitzvá de "tzitzit"
nos recuerda los 613 mandamientos.
Las letras en la palabra "tzitzit"
suman 600.
Los "tzitzit" tienen 8 fibras largas y 5 nudos.
600 más 8 más 5 equivalen a 613.

Numbers

Careful Speech

We have to be careful of every word
or phrase that comes out of our mouth.
If we are not sure of something,
we should say, "Bli Neder,"
which means "Without Promise."

Bamidbar
(En el desierto)

Lenguaje cuidadoso

Tenemos que ser cuidadosos de cada palabra
o frase que sale de nuestra boca.
Si no estamos seguros de algo,
debemos decir, "Bli Neder",
que significa "Sin Compromiso".

Numbers

Ritma

When the Jews left Egypt,
they camped in many places in the desert.
Each place had a special meaning
for living there.
One of the places was called Ritma.
It was named for a tree
whose charcoal punished
those who spoke evil.

Bamidbar
(En el desierto)

Ritmá

Cuando los judíos salieron de Egipto,
acamparon en el desierto.
Cada lugar tenía un significado especial
por vivir en él.
Uno de estos lugares se llamaba Ritmá.
Se le llamó por un árbol
cuyo carbón castigaba
a aquellos que hablaban mal del prójimo.

Numbers

The Maze

Life is a maze everywhere.
We hope and pray that in our days,
we will find the everlasting peace
that we very much need and deserve.

Bamidbar
(En el desierto)

El laberinto

La vida es un laberinto por todas partes.
Esperamos y rezamos que en nuestros días,
encontremos la paz eterna
que tanto necesitamos y merecemos.

Deuteronomy

Words of Mussar

The Fifth Book of Moses shares
words that teach,
words that refine,
words of love called Mussar.

Devarim
(Palabras)

Palabras de Musar

El quinto libro de Moshé comparte
palabras que enseñan,
palabras que refinan,
palabras de amor llamadas Musar.

Deuteronomy

248 equals one

The Shema Yisroel consists of 248 words.
The Human Body is made up of 248 parts.
In the Shema Yisroel,
it is said, "G-d is ONE."
In the Human Body,
the 248 parts work also as one.
Let the light of the Shema Yisroel
brighten the body and soul of everyone!

Devarim
(Palabras)

248 equivalen a uno

El Shemá Israel está compuesto por 248 palabras.
El cuerpo humano está compuesto por 248 partes.
En el Shemá Israel
está escrito "D-os es Uno".
En el cuerpo humano, las 248 partes funcionan
también como uno.
¡Que la luz del Shemá Israel
ilumine el cuerpo y el alma de todos!

Deuteronomy

Avshalom

"Ben Sorer Umore" means rebellious son.
One of King David's sons, Avshalom,
rebelled against his father,
the Jewish supreme court
and the children of Israel.
His punishment was for him to be
hanged from a tree and beaten.

Devarim
(Palabras)

Avsalom

"Ben Sorer Umore" significa el hijo rebelde.
Uno de los hijos del Rey David, Avsalom,
se le rebeló contra su padre,
la corte suprema judía
y los hijos de Israel.
Su castigo era que él fuera
colgado de un árbol y golpeado.

Deuteronomy

All Mitzvos are Important

All of G-d's commandments are important.
No matter how big or how small
each one may seem,
all are equal and important
in the eyes of G-d.

Devarim
(Palabras)

Todas las Mitzvot son importantes

Todos los mandamientos de D-os son importantes.
No importa cuán grandes o pequeños
cada uno de ellos nos parezcan,
todos son iguales e importantes
a los ojos de D-os.

Deuteronomy

First Fruits

The first fruits of the Land of Israel
are the seven species of Israel.
The seven species of Israel
are a gift from G-d to the Jews.
When the Jews give the first
of every fruit to G-d,
they are thanking Him
for every accomplishment
they have carried through.

Devarim

(Palabras)

Primicias

Las primeras frutas de la Tierra de Israel
son las siete especies de Israel.
Las siete especies de Israel
son un regalo de D-os para los judíos.
Cuando los judíos le dan la primera
de cada fruta a D-os,
están agradeciéndole a Él
por cada logro
que ellos han llevado a cabo.

Deuteronomy

Moses' Birthday

The birthday and the death of Moses
were both on the seventh day
of the month of Adar.
When Moses was 120 years old,
he said to the Children of Israel,
"Be Strong and Do not Fear."
Moses was a true leader!

Devarim

(Palabras)

El cumpleaños de Moshé

El cumpleaños y la muerte de Moshé
fueron ambos en el séptimo día
del mes de Adar.
Cuando Moshé cumplió 120 años,
él les dijo a los hijos de Israel,
-Sean fuertes y no teman.
¡Moshé era un verdadero líder!

Deuteronomy

Rain vs Torah

Rain is to the Earth
as Torah is to our ears.
Rain is the music of nature,
as Torah is the music
of the Children of Israel.

Devarim
(Palabras)

Lluvia vs Torá

La lluvia es para la Tierra
como la Torá es para nuestros oídos.
La lluvia es la música de la naturaleza
como la Torá es la música
de los hijos de Israel.

Deuteronomy

Rewards of the Future

All the commandments
we accomplish in this world
count for rewards
in the world to come.
Our tasks come from G-d.
He is Everything.

Devarim
(Palabras)

Recompensas del futuro

Todos los mandamientos
que realizamos en este mundo,
cuentan como recompensas
en el mundo venidero.
Nuestras tareas vienen de D-os.
Él es Todo.

Deuteronomy

Farewell

Moses and the Children of Israel
are two hearts next to G-d's Torah.
"Moses is Israel and Israel is Moses."
(Rabbi Salomon Ben Isaac)

Devarim
(Palabras)

Despedida

Moshé y los hijos de Israel
son dos corazones junto a la Torá de D-os.
"Moshé es Israel e Israel es Moshé".
(Rabino Shlomo Ben Isaac)

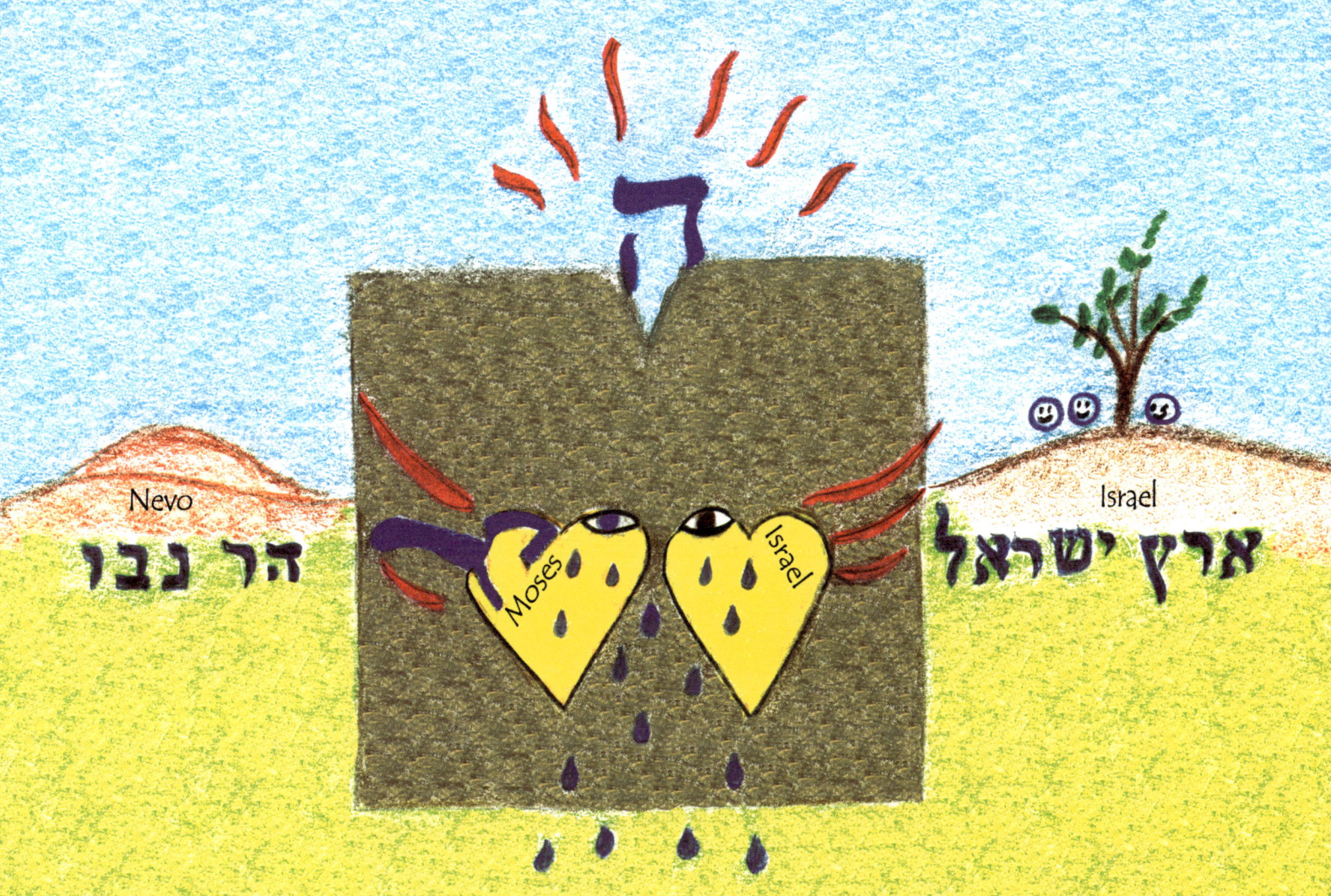

Deuteronomy

Devarim
(Palabras)

Everything is for Moses' Good

All the mitzvos or commandments
that Moses accomplished in his lifetime,
were packed and taken with him
when he passed away.
Moses was called for the first time
"Servant of G-d."
From then on, he was honored
to be with G-d to serve Him always,
for Moses' own good!

Todo es por el bien de Moshé

Todas las mitzvot o mandamientos
que Moshé hizo a lo largo de su vida,
fueron empacadas y llevadas con él
cuando murió.
Moshé fue llamado por primera vez
el "siervo de D-os".
Desde aquel momento, él fue honrado
a estar con D-os para servirle siempre.
¡por el bien de Moshé!

The Word of G-d

The word of G-d teaches you
to choose life.
The word of G-d teaches you
to live in peace.
The word of G-d teaches you
to help your fellow human being.
The word of G-d teaches you
to learn from your teacher.
The word of G-d teaches you
that G-d is First.
The word of G-d teaches you
that everything is for your own good.

La palabra de D-os

La palabra de D-os nos enseña
a escoger la vida.
La palabra de D-os nos enseña
a vivir en paz.
La palabra de D-os nos enseña
a ayudar al prójimo.
La palabra de D-os nos enseña
a aprender de nuestro maestro.
La palabra de D-os nos enseña
que D-os es Primero.
La palabra de D-os nos enseña
que todo es por tu propio bien.

The Author ~ La Autora

Malca Bassan lives most of the time in Miami Beach, Florida. She is originally from Panama City, Panama, where she received her primary and secondary education.

Malca studied at Brandeis University in Waltham, Massachusetts, where she majored in Near Eastern and Judaic Studies. She improved her Hebrew language in the Hebrew University of Jerusalem and earned a Master of Science degree in Social Studies Education from Florida International University. She has taught computer skills at Yeshiva Elementary School in Miami Beach, Florida.

The child within her inspires her to write and illustrate educational books to teach children and adults about Judaism. All this knowledge was motivated by the Jewish community of Panama, especially by her grandmother Malca Cohen. She is presently inspired by the Jewish community of the Shul of Bal Harbor where she attends daily, working on different tasks.

Malca Bassan vive la mayor parte del tiempo en Miami Beach, Florida. Originalmente, es de la ciudad de Panamá, República de Panamá, donde recibió su educación primaria y secundaria.

Malca estudió en la universidad de Brandeis en Waltham, Massachusetts, donde su principal área de estudio fue estudios judaicos. Ella perfeccionó su hebreo en la universidad hebrea de Jerusalem y obtuvo la maestría en educación de ciencias sociales de la universidad Internacional de la Florida. Ha enseñado ciencias computacionales en la escuela Yeshiva Elementary de Miami Beach, Florida.

El niño en su interior la inspira a escribir e ilustrar libros para educar a niños y adultos sobre Judaísmo. Todo este conocimiento fue motivado por la comunidad judía de Panamá, especialmente por su abuela Malca Cohen. Actualmente, su conocimiento es inspirado por la comunidad judía del Shul de Bal Harbor donde atiende diariamente, realizando diferentes tareas.

Malca Bassan
The Author ~ La Autora

A Rimonim Book
malcabass64@yahoo.com
www.fyog.8m.com